# IMPRESSIONS D'ORIENT

## COUP D'ŒIL HISTORIQUE

PARIS
IMPRIMERIE BOULLAY
2, PLACE DU CAIRE, 2

1898

# IMPRESSIONS D'ORIENT

## COUP D'ŒIL HISTORIQUE

Tous ceux qui ont pu visiter la Grèce et la Turquie, depuis un an, se sont facilement rendu compte qu'une guerre entre les deux nations était imminente. Pour ce qui concerne la Grèce, ses idées belliqueuses ne dataient pas seulement de l'année dernière.

Depuis 1878, la Grèce a cherché, à plusieurs reprises, à rompre ses anciennes relations avec sa voisine la Turquie.

Pendant la guerre turco-russe, elle a tenté de mobiliser son armée, mais les résultats ont été si piteux qu'elle a dû en abandonner l'idée.

Plus tard, vers la fin de la guerre, elle lança quelques bandes en Thessalie et en Epire, où elles n'ont pu naturellement rien faire.

Au traité de Berlin même, la Grèce, diplomatiquement parlant, avait subi un nouvel échec, le représentant du roi Georges ayant haussé un peu trop la voix au sujet du territoire qu'il revendiquait sans aucun titre. Le Congrès ne put prendre en considération les prétentions de la Grèce. C'est alors que le cabinet d'Athènes déclara tout haut qu'il n'allait point désarmer et qu'il continuerait tout seul les hostilités, alors que la guerre était déjà finie.

L'Europe s'émut de l'attitude de la Grèce, non pas pour ses menaces ridicules, mais pour sa légèreté. Bref, les représentants des grandes puissances eurent pitié du royaume minuscule ; ils donnèrent à la Grèce, par les articles 4, 23 et 24 du traité de Berlin, modifiés plus tard, les territoires que viennent de conquérir trop facilement, dans une guerre peu sérieuse, les troupes ottomanes.

En 1879, les rapports entre la Grèce et la Turquie étaient donc entièrement rompus. L'Angleterre était, à ce moment, gouvernée par les conservateurs, aussi soutenait-elle plus que jamais l'intégrité de l'empire ottoman. A cette époque, à part la Russie, toutes les puissances européennes étaient contraires aux revendications helléniques.

En 1880, au règlement des nouvelles frontières, la Grèce se montra récalcitrante et même elle fit plus. Elle recommença sa farce à jamais célèbre : « *mobilisation de l'armée!* »

Cette fois-là, encore, les puissances se trouvèrent dans la nécessité d'intervenir : on était en 1881. Les dernières décisions du Congrès furent pour l'évacuation des territoires ottomans cédés au roi Georges.

La Sublime-Porte, dans cette circonstance, aussi bien que dans toutes les autres, accepta de bon gré la décision des puissances ; seule, la Grèce boudait encore, puis finit par céder. Tout semblait donc arrangé pour le mieux ; malheureusement, il n'en était rien, et les difficultés allaient recommencer de plus belle.

En 1886, à la suite de la guerre serbo-bulgare, la Grèce crut le moment propice venu pour s'emparer de l'Epire, de l'Albanie et de la Macédoine, de la Crète et de plusieurs autres territoires qui lui avaient été refusés dans les divers Congrès.

Au commencement de l'automne, M. Delyannis mobilisa la flotte, appela les réservistes et, après quelques jours, il s'empressa d'envoyer des troupes aux frontières turques. Mais, pour son malheur, la Grèce arrive toujours trop tard ; la cessation des hostilités entre Serbes et Bulgares arriva juste au moment de la mobilisation de l'armée hellénique. La Serbie, grâce à l'intervention de S. M. l'empereur François-Joseph, est sauvée, et voilà la Grèce encore une fois compromise.

Il fallait pourtant conclure quelque chose, ne fût-ce que

pour jeter de la poudre aux yeux du monde ahuri. A cet effet, M. Delyannis rappela de nouveaux réservistes sous les drapeaux. Le monde entier prêta foi aux menaces de la Grèce; mais il n'en fut rien; l'armée hellénique resta toujours en mobilisation, seulement, chose étrange, pas un soldat ne quitta sa place.

Les puissances eurent grand tort de se mêler dans les affaires turco-helléniques. Le gouvernement impérial adressa une énergique protestation au gouvernement hellénique, lui demandant des explications catégoriques au sujet de ses armements. Les puissances, imitant la Turquie, envoyèrent immédiatement à la Grèce une note collective, basée sur les stipulations du traité de Berlin, lui enjoignant le désarmement. Le gouvernement hellénique, avec l'audace inouïe qui le caractérise, répondit avec résolution et rejeta l'intervention de l'Europe. On s'attendit à la guerre; en effet, les deux armées étaient face à face. Les Turcs restaient sur la défensive, les Grecs en faisaient autant: personne ne voulait ouvrir les hostilités.

Sur ces entrefaites, les escadres des puissances, exception faite pour celle de la France, se concertaient pour bloquer les ports de la Grèce. Les Hellènes, jouant toujours aux enfants gâtés, grâce à la bonhomie des puissances, répondirent par des menaces.

A cette troisième reprise, ils ne pouvaient agir autrement, avec leur ridicule histoire de mobilisation, puisqu'ils n'avaient rien perdu, soit en 1878, soit en 1881.

Malheureusement, l'Europe, à cette époque-là, n'ayant probablement pas d'autre occupation sérieuse sur les bras, se préoccupa un peu trop des affaires des Hellènes. Pour finir, les puissances donnèrent l'ordre à leurs escadres de procéder au blocus pacifique des ports grecs.

Un mois après, le commerce était absolument anéanti et la Grèce avait à se repentir de sa fougue et de sa légèreté!

Tricoupis vint au pouvoir et le fameux blocus fut levé: belle page d'histoire pour la diplomatie européenne!

Bref, la Grèce, deux fois bernée, eut recours à d'autres expédients. Elle envoya, aidée par l'Angleterre, des émissaires en

Crète, où la révolution éclata. L'Europe s'empressa de déclarer l'état de siège et de procéder au blocus de l'île.

La Grèce, forte de ses illusions, crut le moment propice pour s'agrandir. Endettée jusqu'au bout des ongles, comment pouvait-elle résister à un combat si inégal qui la menaçait presque de disparaître de la carte d'Europe ?

Quoi qu'il en soit, les puissances, soi-disant, ne crurent point à l'attitude belliqueuse de la Grèce. Leur devoir, en effet, leur dictait de prévenir une effusion de sang inutile.

Oui, la Grèce a résisté à toute l'Europe et elle a voulu faire sa tête en risquant son existence dans une guerre désastreuse, poussée par la fameuse Ligue nationale, composée de partisans tricoupistes dont le but était l'extension de l'hellénisme dans la Macédoine et dans l'Epire, où précisément ce sentiment a disparu depuis bien des années.

* * *

**Qu'est-ce que la Crète ? — Commencement des hostilités dans l'île. — L'intervention des Puissances. — Ce que fait la Grèce. — Ce que fait la Turquie.**

Depuis quelques années déjà, la Grèce va vers sa perte physique et même morale. Après plusieurs emprunts, elle s'est vue de nouveau marchant vers la banqueroute Le commerce ne va plus, partout ce sont des faillites, des banquiers en fuite. Enfin, le pays entier marche à grands pas vers sa ruine. Il fallait donc à tout prix arrêter la révolution déjà naissante, tourner par conséquent les esprits vers un autre but.

Depuis quelque temps, à propos d'une rixe qui a eu lieu entre chrétiens et musulmans, des troubles s'étaient fait sentir en Crète, une des principales îles de la Méditerranée orientale et alors possession turque.

La Crète, qui forme la limite méridionale de l'archipel grec et qui constitue aujourd'hui encore le vilayet turc de Ghirit, fut d'abord colonisée par les Phrygiens, les Pélasges et les Phéniciens. Son histoire primitive est intimement liée à la légende de Minos, du Minotaure, de Jupiter enfant et de la princesse Europe.

« Est-il un peuple au monde qui possède une histoire aussi longue ? Qui, par ce fait même, ait été aussi malheureux ? La plus grande et la plus belle des îles grecques, située en quelque sorte au cœur de l'ancien monde, devait nécessairement exciter les convoitises de toutes les nations. »

Vers l'an 1000 avant J.-C., elle fut conquise par les Doriens, qui y fondèrent plusieurs républiques indépendantes et souvent en guerre, parmi lesquelles on distinguait Enassus, Cydonie et Gortyne. Les Romains soumirent, en 67 avant J.-C., cette grande île, qui fit partie de l'empire d'Orient et tomba, vers 823, au pouvoir des Sarrasins. Nicéphore Phocas la reconquit en 961. Boniface, marquis de Montferrat, auquel elle fut assignée lors de la conquête de Constantinople par les croisés (1204), ne tarda pas à la vendre aux Vénitiens, qui la gouvernèrent avec une grande dureté. Après plusieurs attaques et des sièges longs et fameux, les Turcs finirent par l'occuper au XVIIe siècle. Elle fut cédée au vice-roi d'Égypte en 1830 et enfin restituée de nouveau à la Porte en 1841.

« Désormais, dit M. Deloncle, isolée du reste de la chrétienté, oubliée, abandonnée à son sort, livrée par le fait de la conquête à un régime agraire ruineux, vivant complètement en dehors de la civilisation, la Crète forma comme une tache noire sur la carte de la Méditerranée.

« Nous n'avons pas de documents complets sur la domination des pachas ou des aghas ; mais nous savons par les voyageurs qui visitèrent l'île aux XVIIe et XVIIIe siècles combien, malgré la configuration du pays et la manière dont la population y est distribuée, les Turcs, dans les riches plaines des bords de la mer et les vallées, les chrétiens dans les montagnes et sur les plateaux, ces derniers eurent à souffrir des violences, des exactions et des pillages de leurs insatiables vainqueurs.

« De temps à autre, une insurrection, — cri de désespoir bientôt étouffé dans le sang, — rappelait au monde qu'il y avait là, comme dans les péninsules balkaniques et helléniques, un petit peuple qui agonisait ; puis tout retombait dans le silence jusqu'à ce qu'une autre génération, lasse de souffrir, tentât un nouvel effort également impuissant.»

Aussi le peu que l'on connaît de l'histoire de la population crétoise sous la domination ottomane se confond-il avec le douloureux récit de ses insurrections répétées.

Depuis 56 ans, la Crète était donc au pouvoir de la Turquie, mais de fait elle restait toujours crétoise, c'est-à-dire population indépendante et insoumise. Jamais, en effet, l'on ne soumettra entièrement cette île, car le caractère de ses habitants est bien plus un caractère belliqueux qu'un caractère laborieux.

A partir de l'âge de 12 à 15 ans, le Crétois prend son fusil et passe ses journées à chasser dans la montagne, au lieu d'aller cultiver ses champs.

La Crète, qui est une des îles les plus fertiles de la Méditerranée, par ses olives, ses raisins, ses figues, ses amandes, ses oranges, ses citrons, ne produit pas le quart de ce qu'elle pourrait donner.

De plus, outre le caractère des Crétois, si des insurrections avaient lieu, toute la faute n'en revenait pas à la Turquie. Depuis longtemps, en effet, il y avait une puissance en Europe qui avait ses visées sur la Crète, car posséder cette île, c'était avoir entre ses mains la clef de la porte de la Turquie. Le premier essai qu'elle fit fut en 1889, en causant par ses émissaires une révolte dans toute la partie nord de la Crète. Heureusement que l'Europe intervint, qui rédigea un projet de constitution qui fut approuvé et par l'Epiropie et par le sultan. C'était donc un premier échec ; mais elle ne se tint pas pour battue. En effet, de nouveaux émissaires sont envoyés alors en Arménie, qui, soi-disant pour prêcher la religion et relever le courage des Arméniens persécutés (disait-on) par la Turquie, fomentent un soulèvement, qui eut lieu, comme tout le monde le sait, au commencement de l'année 1897, et qui eut un si terrible résultat.

C'est alors que la Grèce, se trouvant dans une position si critique, voulut imiter l'Angleterre. Profitant de quelques troubles qui avaient eu lieu en Crète, à Candie et à Retimo, elle se déclara ouvertement en faveur des Crétois.

Les puissances ne crurent pas à cette attitude belliqueuse de la Grèce, mais lorsqu'elles virent naviguer vers les eaux crétoises une flottille de torpilleurs commandée par le prince Georges, elles s'effrayèrent, et, de toutes parts, des navires furent envoyés pour surveiller la Crète.

Le roi Georges, voyant l'attitude que prenait l'Europe, fit annoncer que le départ des torpilleurs ne devait pas être considéré comme une mesure agressive contre la Turquie ; il s'engageait à les rappeler aussitôt l'ordre rétabli. Cependant, la flotte internationale reçut l'ordre de rester dans les eaux crétoises et de s'opposer au débarquement des Grecs. Les forces réunies des puissances, étant alors de quinze navires anglais, huit russes, sept italiens, six français, trois autrichiens et un allemand, devaient présenter un ensemble de quarante cuirassés, croiseurs ou avisos, le tout sous la haute direction du vice-amiral italien Canevaro, le plus ancien officier de la flotte.

Ainsi donc, la Grèce a, pour ainsi dire, signifié son *ultimatum* sous forme d'actes en même temps qu'elle le proclamait à la Chambre par le langage du président du Conseil. Elle entend s'opposer, *même par la force des armes*, et sans se préoccuper des résolutions des puissances, à l'expédition de renforts en Crète par la Sublime-Porte.

C'est pour cela qu'elle envoie dans les eaux de Candie des torpilleurs. C'est pour cela que le roi Georges, — lequel décidément se découvre et engage, à fond, sa responsabilité personnelle, — a fait embarquer son fils et homonyme, le prince Georges, qui est capitaine de frégate.

Le départ de ce jeune prince a même été entouré d'une certaine solennité qui achève de donner toute sa portée à cet acte. Il ne s'agit pas de l'héroïque escapade d'un jeune prince patriote, épris d'aventures et de dangers, joyeux de se soustraire à la routine ennuyeuse de la vie de cour pour aller faire le coup de feu pour ses frères de race et de religion. Il s'agit d'une démarche officielle faite avec l'assentiment et sur l'ordre du roi et du père et destinée à marquer avec éclat, aux yeux des Hellènes de l'Orient entier et aussi à ceux des nations de l'Occident, la participation résolue, préméditée, d'un souverain homme d'Etat à la politique d'offensive de son gouvernement.

Ainsi, malgré son semblant de retraite, la Grèce a bien l'intention de lutter, et cela jusqu'au bout.

L'Europe prit peur et se décida enfin à prendre les mesures nécessaires envers la Grèce et la Turquie afin d'arrêter tout conflit qui pourrait se soulever entre ces deux nations. C'est alors que, par l'intermédiaire de ses ambassadeurs à Constantinople et à Athènes, elle signifia au roi Georges de rappeler ses torpilleurs, et à Abdul-Hamid défense d'envoyer en Crète une armée d'occupation. De plus, les ambassadeurs des puissances à Constantinople reçurent ordre de leurs gouvernements de faire un projet de réformes qui serait soumis au sultan.

Voici où commencent les bévues des grandes puissances durant toute cette période. Comment, c'est par l'intermédiaire de l'Angleterre que l'Arménie fomente une révolte contre la Turquie; c'est par la Grèce que la Crète se soulève encore contre la Turquie, et c'est le Sultan qui doit encore payer les pots cassés ! Je ne suis, comme je l'ai déjà dit, ni pour l'un, ni pour l'autre parti, mais je trouve indigne cette manière d'agir de l'Europe envers la Turquie. Que l'on essaye de faire disparaître de la carte de l'Europe, pour une raison plus ou moins bonne, partie de l'empire musulman, soit ; mais que l'on agisse justement. Mais, pour dire vrai, l'Europe craint la Turquie plus qu'elle ne veut l'avouer, car elle a encore du fond et même de la puissance. Pourquoi, en effet, l'empêcher de se défendre contre un pays qui, depuis si longtemps, cherche tous les moyens possibles pour l'attaquer, si ce n'est qu'on a peur que, par une juste victoire, cette nation prenne un plus grand pied en Europe. Car, en fin de compte, de quel droit l'Europe est-elle intervenue dans cette guerre? est-ce pour défendre l'humanité ? Non, car on n'aurait pas permis à l'un d'eux de prêcher, par ses émissaires, la révolte entre les Arméniens et les musulmans et entre Crétois et gouvernement. De quel droit dicta-t-elle des conditions à la Turquie aussi bien qu'à la Grèce ? Tout cela ne prouve pas beaucoup en faveur des puissances européennes.

Enfin, à Constantinople, les ambassadeurs s'entendent ensemble, acte déjà extraordinaire, et forment un projet qui, avant d'être porté à la Sublime-Porte, est soumis à leur gouvernement respectif.

Cette nouvelle, comme on conçoit, causa un grand émoi à Constantinople, et pour tout le monde le sultan n'avait plus qu'à choisir entre les réformes ou la lutte et le maintien de son prestige, et ses droits de kalife. L'Europe sait, en réalité, que les réformes ne sont que prétexte pour troubler la paix intérieure de l'Orient. Mais franchement et impartialement parlant, convient-il à l'Europe de voir la Turquie prospérer et grandir et se fortifier et être bien administrée pour passer outre du concours européen que la mauvaise administration l'oblige tant à avoir? Il ne convient à aucune puissance de voir la tranquillité d'Orient, la prospérité de son gouvernement, car le gâteau serait difficile à partager. On en a eu la preuve en 1876 et 77 quand la Turquie, après avoir lutté contre les États bulgare et serbe, a pu lutter pendant six mois contre une grande puissance comme celle de la Russie, et cela étant malade, comme l'ont dit certains politiciens. A plus forte raison, quand la Turquie aura fait des réformes, organisé ses finances, développé ses richesses et multiplié son armée, que fera l'Europe? C'est ici qu'il faut rendre justice et admirer la sagesse d'Abdul-Hamid, car tout en donnant certaines satisfactions à l'Europe, il parvint à faire selon ses idées et à conduire les choses telles que le désiraient son peuple et les puissances.

Il n'en fut pas de même du roi Georges qui en aucune façon ne voulut écouter l'Europe et qui, tout au contraire, s'est moqué pour ainsi dire d'elle.

En effet, pendant que les puissances faisaient semblant de ramener tout à l'ordre (car, si elles avaient agi consciencieusement, tout aurait pu être terminé en deux mois de temps), la Grèce, elle, essayait de tous les moyens possibles pour faire débarquer dans la Crète des troupes et des munitions; mais les navires des puissances, entre autres ceux de la Russie, faisaient bonne garde, et c'est tout au plus s'il fut permis au roi Georges de laisser trois torpilleurs dans les eaux de la Canée sous la surveillance des cuirassés étrangers.

Enfin, les bruits de prétendus massacres arrivant toujours de la Crète, le gouvernement hellénique se détermine à ce qu'il appelle une action énergique. En réponse à une interpellation de MM. Theotokis et Rallhi, le président du Conseil, M. Delyannis, annonce à la Chambre son importante décision. Il déclare que les cuirassés *Hydra* et *Mycali* ont reçu l'ordre de partir pour la Canée et que l'*Amiral-Mioulis* et trois torpilleurs sont prêts à partir.

Cette attitude du gouvernement hellénique est approuvée par les membres les plus avancés du parti de l'opposition, et pour bien montrer à l'Europe ses bonnes intentions, le ministre grec des Affaires étrangères se rend auprès des représentants des grandes puissances, à Athènes, et les assure du caractère *tout pacifique* de l'envoi des navires en Crète, malgré les protestations en forme adressées par le ministre ottoman au gouvernement hellénique.

Enfin, à force de se remuer, de tirer sur toutes les ficelles, la Grèce arrive à ce qu'elle désire, c'est-à-dire la guerre avec la Turquie, et cela malgré l'Europe coalisée, tout entière, contre cet acte.

***

En Crète, la situation s'aggrave de plus en plus, l'incendie se propage avec une foudroyante rapidité.

Déjà, chrétiens et musulmans ont mobilisé leurs forces, se font face sur toute la ligne, et ne permettent même pas aux agents de l'Europe de passer de l'un de leurs camps dans l'autre pour tenter un suprême effort en faveur de la conciliation. Les trois consuls d'Autriche, d'Italie et d'Angleterre, accompagnés du consul général de Grèce, qu'ils s'étaient adjoint en vue de profiter de l'influence unique exercée par le représentant officiel de l'hellénisme sur les insurgés, ont dû rentrer à la Canée, sans avoir pu accomplir leur mission.

S'ils avaient laissé derrière eux, non seulement deux armées hostiles en présence et n'attendant qu'un signal pour se ruer l'une sur l'autre, mais encore force villages en flammes, ils trouvaient, à leur débarquement, une ville en pleine révolution, des rues inondées de sang, les remparts occupés par la garnison, partout l'odeur de la poudre et le bruit des coups de fusil, partout la fureur des guerres civiles ou la terreur des massacres.

Voilà donc où la si puissante Europe en a laissé arriver la question, qu'on disait si facile à résoudre! Voilà ce qu'ont fait la résistance obstinée de la Grèce, les intrigues panhellénistes, les visées particulières des uns, l'indifférence et la mollesse coupables des autres.

En effet, l'Europe, qui semble à jamais hors d'état d'apprendre et surtout de prendre à cœur en Orient les leçons de l'expérience sur les périls des rivalités d'influence et des querelles de personnes, l'Europe ne sut même pas maintenir un accord absolu entre ses délégués et ses représentants. On vit des divergences s'accentuer presque en conflits au sujet du choix de certains officiers destinés à commander la force armée dans l'île. De maladroites prétentions soulevèrent des oppositions probablement nécessaires, mais à coup sûr fâcheuses.

Bref, la mise en train de la nouvelle machine gouvernementale et administrative parut indéfiniment entravée et ajournée par la faute d'entente entre les puissances et par quelques graves erreurs de conduite des représentants de la population chrétienne.

Ainsi, par la faute entière de l'Europe, les réformes qui avaient été annoncées, et qui prouvaient assez la bonne volonté du sultan, et les nouvelles institutions qui étaient en voie d'établissement depuis août 1896, se voyaient fortement compromises. Partout, un sentiment de défiance s'était fait jour; l'Europe, se disant découragée, s'était désintéressée de son œuvre.

C'est dans ces conjonctures qu'ont reparu les signes précurseurs d'une nouvelle guerre civile. En Crète, le *scenario* de ce genre de drames est fort connu. Les meurtres isolés suivent d'abord les échauffourées des rues. Puis, les vendettas se multiplient; l'horizon commence à s'enflammer du reflet des incendies allumés dans les villages. Le sang coule à flots.

Dans les citadelles inviolables des montagnes, bientôt les chefs éprouvés des guerillas de jadis déploient au vent du ciel leurs étendards de révolte. Autour d'eux se groupent en foule les hardis montagnards, les bergers armés de leurs longues escopettes, voire les étudiants et les officiers accourus du continent au premier appel de leurs frères de race et de religion. C'est alors que s'organise la contrebande de guerre, merveilleusement favorisée par la configuration du littoral de l'île et de la terre ferme, par le découpage infini de ses côtes où les anses, les baies, les golfes offrent à chaque pas un point d'embarquement ou de débarquement favorable.

Quand les choses en sont là, la guerre civile est déchaînée. On n'entend plus que le bruit de la fusillade, l'écho des plaintes des victimes, le sinistre craquement des incendies qui dévorent villes, villages, fermes isolées, jusqu'aux oliviers, richesse de ce terroir, et qui feront tôt ou tard de l'*Ile aux cent villes* de Minos et d'Idoménée, une terre farouche et pauvre.

C'est à partir du 13 février que la lutte est ouvertement engagée entre chrétiens et musulmans.

Les Crétois sont les premiers à ouvrir le feu en mettant en cendres le village d'Arazzo, et bientôt les insurgés, poussés par des agitateurs grecs, ont formé une insurrection générale.

C'est alors que les musulmans, se voyant de tous côtés menacés dans leur vie, se mettent en armes. L'arsenal d'Héracléion est pillé et plus de cent mille fusils sont pris; à Retimo, ils occupent les quartiers chrétiens, mais les villages de Nerokouro et Perivolia sont incendiés par les Crétois.

Sur ces entrefaites, arrive à la Canée la gendarmerie internationale, commandée provisoirement par le major anglais Bor, et qui se compose de 6 officiers et 170 hommes, formant en tout 3 compagnies (la Canée, Candie et Retimo) : 60 Monténégrins, 40 Croates, 30 Gréco-Bulgares et 40 Bosniaques.

Le 15 février, Bérovic-Pacha, impuissant à rétablir l'ordre, donne sa démission et s'embarque pour Corfou. Le lendemain commence, autour de la Canée, un combat acharné. Les incendies détruisent plus de deux cents maisons et magasins de toutes sortes, et les morts sont nombreux. Les musulmans répondent en mettant en cendres tout le quartier chrétien; c'est alors que l'on vit un spectacle épouvantable, de la part des musulmans comme de celle des puissances. Des milliers de chrétiens composés de femmes, d'enfants et de vieillards, se voyant pourchassés par les Turcs, se sauvent vers le port dans l'espoir d'être secourus par les marins des navires des puissances. Eh bien ! chose regrettable à dire, ils ne trouvèrent de ce côté ni appui, ni secours, et si une église catholique n'avait pas ouvert ses portes à ces pauvres malheureux, tous eussent été massacrés. Autre belle action d'éclat pour l'Europe ! Ce n'est que deux jours après qu'ils purent, en partie, se réfugier à bord des différents navires à ce moment dans la rade.

D'un autre côté, les insurgés chrétiens attaquent les musulmans à Kadano, dans le district de Selino. Ils tuèrent 20 hommes, blessèrent une jeune femme et enlevèrent une jeune fille. Ils s'engagent ensuite à mener sains et saufs à Palliokora 159 musulmans de Saraskina ; chemin faisant, ils les attaquèrent, tuèrent 51 hommes, 26 femmes, 8 enfants et en blessèrent grand nombre d'autres ; une trentaine seulement purent gagner Palliokora.

Et l'on dit encore que les Turcs sont des sauvages et des barbares ; que sont alors les Crétois *chrétiens*, après toutes ces infamies, eux que l'Europe entière prend en pitié !

Sur l'annonce de ces faits, les consuls de Russie, de Grande-Bretagne et d'Italie partirent à bord d'un navire russe pour Palliokora ; ils avaient aussi pour but de débloquer les musulmans assiégés à Kadano. Mais des balles tirées contre eux par les insurgés chrétiens les empêchent d'accomplir cette partie de leur mission. A Palliokora, ils réussirent à avoir une entrevue avec deux chefs et proposèrent un armistice de sept jours. Ils n'obtinrent qu'une réponse vague et se rembarquèrent, emmenant avec eux 170 fugitifs musulmans et laissant 250 soldats turcs se défendre avec 3 canons et 2,000 civils à Selino.

Koratas, capitaine démissionnaire de l'armée hellénique, est à la tête de 5,000 Crétois dans les environs de Candie, où il a coupé toutes les conduites d'eau.

A Sitia, à part 217 musulmans, sauvés par l'intervention des puissances, 1,147 hommes, femmes et enfants ont été massacrés.

Pendant que toutes ces abominations avaient lieu, l'Europe restait tranquille et se contentait des navires de guerre qu'elle avait envoyés dans les eaux crétoises. Je ne comprends pas non plus l'attitude de l'Angleterre quand M. Curzon, sous-secrétaire aux Affaires étrangères dans le présent ministère Salisbury, fit à l'interpellation de M. Flynn la réponse suivante :

« La situation à la Canée a été grave. Il y a eu des échanges de coups de fusil pendant ces derniers jours, mais on ne doit pas ajouter créance au bruit d'un véritable massacre ; le nombre des tués est *relativement minime.* Les troupes turques se sont conduites d'une façon exemplaire. L'incendie est complètement éteint. Les musulmans de Candie, se plaignant d'être sans armes en face des chrétiens armés, se sont emparés de quantité d'armes à l'arsenal ; néanmoins, la ville continue à être tranquille.

« Il y a en ce moment, comme navires anglais dans les eaux de Crète, les croiseurs *Barfleur, Scout, Nymphe, Fearless, Dragon,* et un autre cuirrassé.

« Le croiseur *Revenge,* ayant à bord le contre-amiral Robert Harris, est en route pour la Crète. Le gouvernement de la reine est très anxieux de protéger impartialement et musulmans et chrétiens, pour autant qu'il est informé des événements. »

A ce même moment, le consul britannique à la Canée recevait les renseignements suivants, provenant d'une enquête d'officiers de gendarmerie italiens, délégués par le major Bor :

« Dans le seul village de Barakina, 104 musulmans ont été massacrés par les chrétiens. Tous les villages des environs de Candie et de Retimo sont en cendres. De tous côtés, ce n'est que massacres et incendies. Les populations musulmanes, poussées à bout, se sont mises en armes en dévastant les arsenaux. Position critique de toutes parts et révolte générale. »

Tel était l'état de la Crète pendant qu'en Europe on disait tout fini et apaisé.

Mais les puissances commencèrent à s'émouvoir quand, le 17 février, la nouvelle arriva du débarquement du colonel Vassos avec des troupes dans le golfe de Platania.

La réussite de ce débarquement restera, comme bien d'autres actions durant cette période de guerre, une chose obscure pour tous.

Plusieurs essais avaient déjà été faits pour faire parvenir aux insurgés des munitions, mais tous restèrent infructueux tant que les cuirassés français, russes et autrichiens, montèrent la garde des côtes nord de l'île. En effet, une première fois un croiseur anglais aperçoit deux transports grecs essayant de débarquer des munitions et des hommes, il s'arrange si bien qu'il parvient à captiver les deux bateaux grecs lorsqu'ils ont déjà tout descendu à terre ; ce fait s'est encore accompli deux autres fois, et maintenant c'est encore un anglais, le *Trafalgar*, qui laisse 10 mille hommes entrer dans Crète.

Après cela, que faut-il croire ? de deux choses l'une, ou les Anglais ne sont plus les marins qu'ils prétendent être, ou ils l'ont fait exprès.

Mon devoir n'étant pas de prendre un parti, je laisserai au lecteur le droit de discuter, après lui avoir fait passer devant les yeux les faits tels qu'ils se sont passés.

Le 16 au soir, l'*Hydra*, cuirassé grec, s'était fait voir dans les eaux crétoises entre la Canée et le golfe de Platania. Le *Trafalgar*, de garde ce jour-là, le pourchasse, dans des tours et des cercles à n'en plus finir et le perd de vue à la nuit. Les feux électriques sont alors allumés et tout l'horizon est scrupuleusement examiné. Dans ces manœuvres de lumière, l'*Hydra* est de nouveau aperçu ; la chasse recommence donc, et se termine si bien qu'au petit jour on distingue, dans le fond du golfe de Platania, 3 mille Grecs avec canons, vivres et munitions. Tout cela avait été débarqué sous le nez du *Trafalgar* et à dix kilomètres à peine de la flotte internationale.

Cet acte, audacieux pour les Grecs, prouve deux choses : 1° combien le roi Georges se moquait de l'Europe en soutenant ouvertement par les armes la cause des Crétois, et en poussant même à la révolte ; 2° que la diplomatie européenne se heurtera toujours à la politique souterraine et sourde de l'Angleterre.

A cette nouvelle, qui fut un ébahissement général les amiraux, par ordre de leurs gouvernements respectifs, donnèrent l'ordre d'occuper par des détachements mixtes les principaux ports de l'île : la Canée, Candie, Retimo et Sitia. C'était donc en partie l'occupation de la Crète par les puissances, ce que désirait depuis longtemps le gouvernement de la grande Victoria, car

2

pour l'Angleterre, c'était un premier pas vers la possession, son pied *gluant* laissant toujours la marque de son passage.

En effet, la baie de la Sude est un des plus beaux ports naturels de la Méditerranée, et je comprends que l'Angleterre la désire, malheureusement, on verra que cette fois, comme les autres, elle aura encore ce qu'elle recherche avec tant de fermeté.

A partir de ce jour, le drapeau turc est gardé par ceux des six autres puissances, et il est prescrit que toute attaque sera repoussée par la force; c'est le commencement de la campagne qui se terminera par la guerre entre la Turquie et la Grèce.

***

Après cet acte audacieux de la part de la Grèce, l'Europe demeura un moment indécise sur le parti à prendre : Fallait-il donner la Crète à la Grèce, ou la laisser à la Turquie ? Telle était la question qui se posait dans les ministères européens. Donner la Crète à la Grèce, c'était porter atteinte à ce fameux principe de l'intégrité de l'empire attoman ; c'était encourager à la révolte les populations de la Macédoine et de toutes les provinces soumises à l'empire. Laisser la Crète à la Turquie, c'était entretenir un perpétuel foyer de guerre et d'incendie pouvant faire naître un jour ou l'autre une conflagration générale.

Que faire ? Des deux côtés on se heurtait à des obstacles insurmontables. Enfin, à force de chercher, on trouva soi-disant la solution ; l'autonomie de l'île avec le gouvernement d'un prince chrétien sous la suzeraineté du sultan. Malheureusement, il était trop tard, car cette proposition qui, au commencement, eût été acceptée, ne pouvait trouver alors des suffrages de la part des Grecs. En effet, Vassos marchait victorieux et il occupait déjà Agia et Boncolion aux environs de la Canée, et chaque jour il remportait des nouveaux succès. Dans ces conditions, la simple autonomie ne pouvait satisfaire l'ambition des révolutionnaires Grecs et des Crétois. Il n'y avait donc plus qu'à laisser les choses suivre leur cours et attendre.

Le 21 février, jour mémorable pour la flotte réunie des puissances, les insurgés soutenus par quelques troupes des soldats de Vassos s'avancèrent jusque dans les faubourgs de la Canée, après avoir repoussé une sortie des Turcs.

Au bruit de la fusillade, l'amiral Canevaro donne l'ordre de bombarder la ville. Heureusement que les cuirassés français s'abstiennent de tirer; car les boulets, pour tout ouvrage, détruisent à moitié la mission catholique, où les sœurs Saint-Joseph travaillent avec tant de dévouement à faire aimer la France.

Quelques jours après cet ignoble bombardement, Canevaro fait occuper la baie de la Sude et toute la vallée comprise entre l'Akrotéri et la Canée. Malgré cela, les Crétois cernent Candie et s'avancent en vainqueurs dans le district de Sélino.

C'est à ce moment que deux notes sont envoyées, l'une en Grèce, l'autre en Turquie. La Grèce est invitée à retirer ses troupes dans un délai de six jours; la Turquie devra, peu après le retrait des troupes grecques, concentrer les siennes dans les places fortes.

La Grèce répond aussitôt qu'elle se voit, en raison de l'état actuel de la Crète, dans l'impossibilité de rappeler le corps expéditionnaire. « Notre devoir nous impose de ne pas abandonner le peuple Crétois à la merci du fanatisme musulman et de l'armée turque, laquelle, de tout temps, a participé aux actes d'agression de la populace contre les chrétiens. »

Magnifique réponse, n'est-ce pas ?

Les puissances proclament alors le blocus de l'île et envoient chacune à leurs amiraux 600 hommes de renfort. Le blocus s'étendra dans les limites comprises entre le 23°24' et le 26°30' de longitude est, d'une part; le 35°48' et le 34°25' de latitude nord, d'autre part. La Canée, Retimo, Hiérapétra, Malaxa, Kisamo, Sitia, Spinalonga sont donc occupés militairement par des détachements mixtes d'Autrichiens, d'Italiens, de Russes, de marsouins Français, jusqu'à des higlanders en jupons courts.

Croyant pour le moment à une accalmie dans la Crète, je me décidai à retourner à Athènes, afin de pouvoir me diriger le plus tôt possible sur Constantinople. Mais, avant de quitter définitivement la Crète, je voulus me rendre auprès de Vassos, dans le camp grec.

Le 22 mars, de bon matin, je pris un cheval et quittai la

Canée, prenant la direction sud-ouest, où je savais trouver les troupes grecques.

Je pénétrai d'abord dans un vallon entouré de collines basses et pierreuses et sans végétation aucune. Ici et là quelques restants des campements des insurgés auprès desquels je trouvai toujours plusieurs cadavres de musulmans.

Quant aux villages que je traversai, tous étaient dévastés par l'incendie, et je pouvais apercevoir sur les hauteurs environnantes quelques maisons qui fumaient encore, restes des ravages de la veille.

Bientôt je fis la rencontre de soldats turcs qui me demandèrent où j'allais, je leur fis croire que j'étais correspondant et que je voyageais pour un journal français. Ils me crurent et me laissèrent passer.

J'avais à peine fait cinq ou six kilomètres que je tombai sur une bifurcation de la route. Quel chemin prendre? Je restai indécis et je n'osai pas demander mon chemin de peur d'être arrêté. Enfin, je pris celui de gauche, mais au bout de quelques minutes, je vis en face de moi un fort turc. Je m'empressai donc de tourner bride et de prendre l'autre chemin, cette fois j'eus plus de chance. Je pénétrai bientôt dans une belle vallée remplie d'oliviers. Des deux côtés de la route des collines sur les sommets desquelles se trouvaient les forts avancés des Turcs. Plusieurs fois je fus hélé, mais j'éperonnais mon cheval et partais au galop, après avoir essuyé quelques coups de feu sans résultat. Une fois pourtant, je crus que je serais forcé de retourner. A une certaine distance, sur ma droite, j'aperçus sur les hauteurs d'une colline des signaux et une centaine de soldats me mettre en joue. Je m'arrêtai donc et j'attendis. Bientôt un officier suivi de plusieurs soldats se mit en devoir de descendre vers moi. Je ne sais si c'est la longue distance ou la montée qu'il aurait à faire au retour, le fait est qu'il me fit signe que je pouvais continuer, ce que je m'empressai de faire. Quand j'eus dépassé ainsi les premiers forts, les autres me croyant sans doute en règle me laissèrent sans rien me demander, et je pus enfin gagner la rase campagne qui s'étend entre les deux armées ennemies.

Par ce fait, j'aurais très bien pu être un officier grec et traverser les lignes turques sans encombre. Le soldat turc est un très bon soldat, d'une bravoure fanatique, mais quand il s'agit de diligence et d'une constante attention dans les avant-postes, ce n'est plus son affaire, c'est trop demander à sa disposition indolente. En effet, partout où j'ai rencontré des Turcs, j'ai continuellement entendu ces mots : « cela ne fait rien » ou bien « sariok brac. »

Je me trouvai alors dans une plaine pouvant avoir de cinq à six kilomètres, c'était la zone neutre. Sur la gauche, apparaissaient les monts Madaras qui divisent l'île en deux parties et dont les sommets sont toujours couverts de neige.

Le terrain à cet endroit n'a jamais été cultivé et se trouve presque inhabité. Je ne trouvais sur mon chemin que deux maisons, construites comme toutes celles de la Crète, en grosses pierres et dans les murs desquelles on avait pratiqué des meurtrières, d'où l'on pouvait tirer sans danger. Quant à l'intérieur, les flammes en avaient eu raison. De tous côtés, pas âme qui vive, le silence absolu.

Ce fut ainsi pendant près de deux heures, quand soudainement j'entendis un coup de fusil et, comme par un effet de magie, je me vis entouré par une douzaine de Crétois armés jusqu'aux dents.

Je me mis à leur expliquer, avec force gestes, que je désirais voir Vassos et que je demandais à être conduit vers lui. Ils me firent signe qu'ils m'avaient compris et que je devais les suivre, ce que je fis aussitôt. Je profitai de leur compagnie pour les examiner tout à mon aise. Ce sont, pour la plupart, de grands et fort beaux gaillards, à l'air guerrier et au costume original. Ils sont très consciencieusement armés et portent sur eux, en bandoulière, près de 150 cartouches, plus un revolver et un long couteau passé dans la ceinture. Rien qu'à voir ces hommes, on se demande si jamais on arrivera à pacifier d'une manière absolue cette île de Crète.

Pendant que je me faisais ces réflexions, j'entendis des appels devant moi et, levant la tête, je vis un officier grec suivi de plusieurs soldats me faisant signe d'arrêter. Mes compagnons voulurent, à ce que je compris par leurs gestes, entrer en pourparlers et voulurent avancer, mais aussitôt l'officier donna un ordre et les soldats nous mirent en joue; puis s'avançant au-devant de moi, il me demanda en très bon français ce que je voulais. Je lui expliquai qui j'étais et ce que je désirai, il me répondit que je n'avais qu'à le suivre et qu'il allait faire part au colonel Vassos de mes désirs.

Je remis donc mon cheval entre les mains d'un des soldats et j'accompagnai l'officier. Après quelques instants de marche, il me priait de l'attendre et revenait peu après me disant que le colonel était prêt pour me recevoir. Je pénétrai alors dans le camp où régnait une grande animosité. Je traversai un petit village dont les maisons étaient remplies de soldats, et je vis même plusieurs femmes avec leurs enfants, se promenant tranquillement par les rues. J'arrivai enfin devant une grande bâtisse toute peinte en blanc et entourée d'un mur haut et large, et gardée de tous côtés par des sentinelles en armes; c'était le quartier général où restaient le colonel et son état-major. Je fus reçu par lui d'une façon très cordiale et nous engageâmes une conversation qui, à mon grand regret, devait se terminer trop tôt.

C'est un homme dont le caractère sévère, mais doux, se lit sur son visage; il a environ cinquante ans, et c'est le vrai type du militaire dur dans la discipline, doux et juste envers ses soldats; aussi est-il généralement aimé par tous ceux qui sont sous ses ordres.

Dans la conversation que j'eus avec lui, il m'assura que sa position était imprenable; qu'il commandait 20,000 hommes, dont 17,000 Crétois. Selon lui, ces gens sont d'excellents soldats, très intelligents et connaissant tous les passages et sentiers des montagnes. Il possède, en outre, 24 canons, 12 de montagne et 12 à tir rapide. Enfin, il a assez de munitions et de vivres pour tenir tête à l'ennemi pendant six mois. En le quittant, je lui dis : « Est-il vrai, colonel, que si votre roi vous rappelait, vous lui renverriez vos décorations et vos galons, et que vous vous mettriez à la tête des insurgés? » « C'est une infamie d'avoir répandu ce bruit; je suis l'humble serviteur de mon souverain, je suis ici par ses ordres, et ne partirai que par ses ordres, et si cela arrive, ce sera certainement pour m'envoyer à la frontière. »

Je le remerciai de nouveau d'avoir bien voulu me recevoir et je le quittai déjà convaincu sur ce que nous réservait l'avenir.

En sortant de la porte, je vis le fameux chef crétois, Kakonaki qui, juste quatre jours plus tard, fut tué par un soldat italien au moment où il plantait le drapeau grec sur une forteresse turque.

Ne voulant pas retourner par le même chemin, de peur d'éveiller les soupçons des Turcs, et connaissant maintenant la direction de la Canée, je me décidai à prendre par le bas des montagnes. Je devais ainsi traverser toute la partie de l'île où la lutte avait été la plus acharnée entre les chrétiens et les musulmans.

Je ne pouvais m'empêcher d'avoir les larmes aux yeux en parcourant ces campagnes. Tout a été ravagé, saccagé; pas une maison n'est debout et celles que le feu a épargnées ont été abattues par le pic des insurgés, autant que par celui des Turcs. Des forêts entières d'oliviers, plusieurs fois centenaires, ont été coupées et tombent comme l'herbe sous la faux du moissonneur. Les sentes, ce qui en reste, ont été ravinées afin d'empêcher le transport des canons; tout enfin est silencieux et abandonné; de ci, de là, quelques coups de feu qui réveillent les échos endormis des plaines et des montagnes. J'arrivai bientôt sain et sauf à la Canée, mais écœuré et maudissant les causes qui peuvent amener deux peuples à s'entr'égorger. Je me demandais aussi pour quelles raisons les grandes puissances de l'Europe laissaient mourir de faim, non pas les hommes armés, mais les femmes et les enfants errant par les campagnes sans gîte et sans pain. Tout homme de cœur aurait été révolté en voyant les résultats de ce blocus honteux fait par des peuples civilisés. Aurait-on agi de même avec les puissances de l'Occident? Non, car à ce moment, c'était la raison du plus fort qui commandait. N'aurait-il pas été, en effet, préférable dans l'intérêt même de l'humanité, de laisser à la Turquie son droit de supprimer les troubles et pacifier son intérieur tel qu'elle l'a fait maintes et maintes fois.

∴

Le 25 mars, j'étais de retour à Athènes, où je trouvais la situation plus aggravée que je ne l'aurai supposé. Les rues sont bondées de volontaires qui arrivent de toutes les parties de l'Europe et qui circulent dans la ville en chantant l'hymne national grec. Déjà 50,000 hommes sont à la frontière, et l'on se prépare à envoyer 10,000 hommes d'ici sept jours en Thessalie.

Les frères Ivanof, instigateurs de l'agitation macédonienne, ont vendu à la Bulgarie 125,000 fusils et 50 millions de cartouches.

Le duc de Sparte était en communion d'idées avec les chefs du Comité macédonien qui était chaudement appuyé par le prince Georges, favori de la nation hellène.

La section centrale était à Athènes avec des postes avancés à Larissa et à Janina. Il y avait des Sous-Comités pour les offrandes et souscriptions en Égypte (Caire et Alexandrie), à Londres, à Marseille et dans l'Inde, à Calcutta, et en Amérique.

Les fonds ainsi recueillis (et ils s'élevaient, vers le 15 mars, à 19 millions de francs), étaient concentrés dans l'Anglo-Egyptian Bank et ses succursales, d'où le Comité dirigeant en disposait au moyen de mandats.

Le Comité se proposait de lancer, au plus tard, après la semaine pascale, des bandes plus nombreuses, mieux équipées et mieux commandées que celles de 1896.

On espérait qu'avec la pression de l'opinion publique sur le gouvernement, celui-ci fermerait les yeux et que, par une fiction quelconque, beaucoup d'officiers se trouveraient libres et à même, par conséquent, de déjouer la pseudo-surveillance officielle dont le cabinet hellénique ne manquerait pas de se parer aux yeux des puissances qui pourraient avoir des reproches à lui adresser.

Le cabinet était, du reste, assez perplexe à ce moment et cela, surtout, parce qu'il connaissait l'exiguité de ses moyens réels.

M. Delyannis avait l'air de se laisser emporter par le courant, mais au fond, selon ce qu'il avait fait comprendre, il ne voyait pas bien où mènerait cette agitation et la jugeait même dangereuse, parce que, disait-il : « En face d'arrangements et de changements au nord, au centre, comme au sud de la péninsule balkanique, l'Europe a une tendance de plus en plus grande à ne pas s'occuper des petits facteurs. »

Mais sous la poussée nationale et quelque impuissant qu'il s reconnaissait, le gouvernement appuierait moralement les efforts du Comité, et cela, de façon à assurer bien des complicités matérielles.

Toute la question était de savoir si ce mouvement grec annoncé serait assez sérieux pour alarmer les Bulgares et les porter à vouloir disputer aux Grecs des régions où ils jugeraient qu'un péril existerait pour la nationalité bulgare. Mais il n'en fut rien, vu que certaines puissances firent savoir au prince Ferdinand qu'elles ne le reconnaîtraient jamais comme roi, s'il causait des complications ou des désordres dans la péninsule des Balkans.

L'heure critique des résolutions finales avait donc sonné. La Grèce se trouvait en présence d'un choix dont, tout au moins, son roi et son gouvernement supportaient toute la gravité.

Tout le monde avait conscience des répugnances trop naturelles qui devaient combattre dans l'esprit des hommes d'État d'Athènes, la voix de la raison. Rien ne serait plus indécent, rien ne serait en même temps plus maladroit que de compliquer une tâche déjà assez difficile en tenant des propos de nature à retarder les décisions de la Grèce.

Il fut à regretter que le chef de l'opposition libérale en Angleterre, sir William Harcout, n'eût pas compris l'étroite connexité qu'il y avait entre ces deux obligations et qu'il n'eût pas senti que l'on agissait tout autant en ennemi de la Grèce, à cette heure, en flattant des passions déjà trop surexcitées et qui ne pouvaient qu'entraver la liberté nécessaire du gouvernement hellène en provoquant à dessein des résistances ou des refus intraitables.

Durant mon séjour en Crète, les nouvelles qui nous parvenaient étaient assez satisfaisantes sur l'état de la Grèce ; je fus donc très étonné, en débarquant à Athènes, de n'entendre que des bruits de guerre, des clameurs patriotiques dans la rue, des harangues enflammées du haut des perrons ou des balcons, des chevauchées précipitées d'aides de camp, — et de l'autre côté de la frontière thessalo-macédonienne, l'écho régulier, incessant des pas de milliers de soldats allant rejoindre leurs drapeaux.

Pendant que le peuple s'abandonnait, suivant son habitude, à l'entraînement d'un enthousiasme aussi généreux qu'irréfléchi, le souverain, les princes de sa famille, les hommes d'État de premier rang, rompant avec toutes les traditions de l'étiquette, multipliaient les interviews, les allocutions vibrantes, les déclarations passionnées.

Hélas! tout ce bruit de paroles éloquentes qui enivre et qui étourdit, qui entraîne plus loin qu'on ne voudrait aller et qui empêche de revenir en arrière, tout cela n'était que le symptôme trop connu d'un état d'âme qui est celui des grandes aventures. Ce n'est point ainsi que se préparent, dans le silence, dans l'attitude, peut-être attristée, mais pleine de dignité, d'un peuple qui sait ce qu'il se doit à lui-même et qui compte — de toutes les certitudes de son patriotisme — sur les revanches de l'avenir, ces généreuses résolutions dont la noblesse se mesure à l'effort qu'il faut faire sur soi-même pour les prendre, et dont la récompense se proportionne à l'étendue du renoncement qui les a dictées.

L'histoire était là, pourtant, qui pouvait fournir à pleines poignées les arguments décisifs, irréfutables, soit pour arrêter la Grèce dans la voie fatale où la poussaient, avec les fautes de la diplomatie européenne, ses propres erreurs et les mauvais conseils de ses faux amis, soit pour lui indiquer les riches, les sûres, les belles compensations de l'avenir.

Il y avait vingt ans à peu près, que les armées russes victorieuses arrivaient sous les murs de Constantinople, et cela, après une bataille acharnée.

L'empire ottoman chancelait sur ses bases. Le sultan, effrayé, signa sans marchander les préliminaires de San-Stéfano. Par cet accord était créée une grande Bulgarie allant du Danube à l'Hellespont, formant un Etat compact et populeux.

On sait ce qui suivit. L'Angleterre, — toujours cette nation prétentieuse, — professsait dans toute sa rigueur le principe du maintien de l'intégrité de l'empire ottoman. Lord Salisbury, qui depuis, mais alors. . fut appelé pour la première fois à la tête du Foreign-Office à la place de lord Derby, démissionnaire, afin de signifier à la Russie victorieuse, malgré le sacrifice de tant de vies et tant de millions de roubles, que l'Angleterre ne consentait pas à la création de la grande Bulgarie.

La Russie, qui venait de verser son sang à flots, après Plewna, après Chipka, avec Totleben, avec Skobelef, et qui était assez forte pour lutter contre la Turquie, mais encore trop faible pour se mesurer avec l'Angleterre, la Russie céda.

Voilà un précédent qu'on était en droit de recommander aux méditations de la Grèce. Et d'abord quelle similitude y a-t-il à établir entre la Russie, victorieuse, couverte de sang et de gloire, n'ayant qu'un pas à faire pour occuper Constantinople, et la Grèce, qui n'a pas fait la guerre encore, et qui n'est nullement assurée de la faire à son avantage?

Et pourtant la Russie a cédé! car elle est diplomate et sait attendre. Qu'en est-il résulté? D'abord la paix du monde pour vingt ans, au lieu d'un effroyable conflit : puis, la Roumélie orientale, dotée par l'Europe, s'est librement, paisiblement, irrévocablement donnée à la Bulgarie. Le morceau a été avalé en deux bouchées.

Osera-t-on prétendre que ce précédent soit sans portée ou qu'il y ait une loi pour un grand empire qui a acheté ses conquêtes au prix de ses sacrifices, et une autre, plus favorable, pour un petit État qui a toujours vécu sous le patronage et la garantie de l'Europe?

Il dépendait donc bien de la Grèce, non pas de se raidir dans une résistance sur l'issue de laquelle nul, chez elle-même, ne se fait d'illusion, mais de céder de bonne grâce, de prévenir une nécessité pénible pour ses amis, de s'assurer de larges compensations dans une lettre de change tirée sur l'avenir et endossée par les puissances libérales et de procurer, par son désintéressement momentané, les bienfaits d'une intervention européenne immédiate aux populations souffrantes de la Turquie.

La Grèce continue malgré tout de s'armer. La Turquie, voyant les agissements de sa rivale, en fait autant et déploie une activité presque égale dans les préparatifs de sa mobilisation. D'un côté, les réserves sont rappelées jusqu'au dernier homme sous les drapeaux; de l'autre, pendant que les nizams ou troupes de ligne sont portés au complet de guerre par la convocation de l'ichtiad ou réserve, des rédifs ou soldats de la landwher et des moustahfiz ou hommes du landsturm, dans le territoire des trois premiers corps; la Porte fait, conformément à l'usage, distribuer des fusils et des munitions aux volontaires bachi-bouzouks, arrivant de l'Albanie.

Tout se prépare donc pour qu' une fois le signal donné, les hostilités puisssent éclater sur toute la ligne.

Quant à la déclaration de guerre, ce n'est plus qu'une question de jours.

***

Depuis plus de dix ans, l'armée hellénique a été organisée à la française par les soins d'une mission commandée par le général Vasseur et composée des capitaines Chevalier, Perruchon et de Prez-Cranier.

L'armée de première ligne donne comme effectif un chiffre de 25,000 hommes, 80,000 avec les huit premières classes de réserve. Elle comprend en outre 3 régiments de cavalerie, 10 régiments d'infanterie, 3 régiments d'artillerie, armés de canons Krupp et composés de 20 batteries, 11 de campagne et 9 de montagne; 10 compagnies de génie, 16 de gendarmerie; enfin, 8 bataillons d'*evzones.*

D'une façon générale, la tenue des troupes dénote beaucoup de laisser-aller. Les boutons ne reçoivent qu'à de rares intervalles les caresses de la brosse : les ceinturons sont portés suivant l'idée du propriétaire.

Quant à la flotte, c'est la seule force de la Grèce sur laquelle on pouvait compter, sans réfléchir qu'on ne peut facilement bombarder, mais qu'il est difficile d'occuper une place sans un certain nombre d'hommes: chose qui manquait à la flotte grecque.

3 cuirassés de 48,500 tonnes : le *Spetzaï*, l'*Hydra* et le *Psara*, construits en France dans les chantiers de la Loire et de la Méditerranée, filant de 15 à 17 nœuds et demi à l'heure et de modèle récent. Chacun de ces bâtiments peut porter 4,000 hommes et possède un armement puissant à tir rapide, système Canet.

Un seul croiseur, l'*Amiral-Miaoulis*, qui tira le premier coup de canon dans les eaux crétoises, bâtiment filant 15 nœuds à l'heure, armé de 4 canons de 17 centimètres, 4 pièces de petit calibre et 2 mitrailleuses ;

29 torpilleurs, dont 11 de première classe et 1 transport-torpilleur ;

4 canonnières et 2 transports.

Enfin, pour la défense des côtes : 3 canonnières, 3 bateaux porte-torpilles, 3 bateaux-écoles et 17 bâtiments divers.

En Grèce, le roi lui-même a la dignité d'amiral ; mais il abandonne en grande partie la direction de la marine à son second fils, le prince Georges.

L'armée ottomane compte à peu près 750,000 hommes sur le pied de guerre; elle est distribuée en sept corps. Les non-musulmans ne sont pas obligés au service, mais ils paient une taxe d'exemption militaire appelée *bedel*.

L'armée d'occupation à ce moment en Thessalie, comprenait 111 bataillons, à 750 hommes (83,250 fusils) ; 25 escadrons à 100 cavaliers (2,500 sabres); 30 batteries à 6 pièces (80 pièces).

Ces 86,000 hommes formèrent l'actif de 6 divisions ; savoir la 1re, la 2e, la 3e, la 4e, la 5e et la 6e se composant de 2 à 6 bataillons de ligne ou de chasseurs et de 12 à 16 bataillons de rédifs. Chaque division possédait 2 batteries et un ou deux escadrons de cavalerie. Tous sont armés du nouveau fusil Mauser, en échange du Martini.

La flotte qui se trouve déjà aux Dardanelles et qui est commandée par le vice-amiral Faïk-Pacha, se compose des cuirassés *Hamidieh* (déplacement 6,700 tonneaux, vitesse 13 nœuds); *Azizieh* (déplacement 6,400 tonneaux, vitesse 13 nœuds) ; *Osmanié* (déplacement 6,400 tonneaux, vitesse 13 nœuds); et 10 torpilleurs.

La seconde escadre ottomane aura pour chef Hassan-Pacha, directeur de l'arsenal ; elle se composera des cuirassés *Mesodieh* (déplacement 9,120 tonneaux, vitesse 13 nœuds) ; *Orkhanieh* (déplacement 6,400 tonneaux, vitesse 13 nœuds) ; *Nedjim-i-Chefket* (déplacement 2,080 tonneaux), et de 10 torpilleurs. Les forces navales de la Turquie comprennent en outre des navires que je viens d'énumérer : le *Mahmondieh*, l'*Assar-i-Tewfik*, 8 croiseurs, jaugeant de 2,000 à 4,000 tonneaux, 18 croiseurs,

8 canonnières de 200 tonneaux, enfin 25 contre-torpilleurs et 12 torpilleurs filant de 19 à 23 nœuds.

Sans attaquer en aucune façon le gouvernement du sultan, j'aurai pourtant quelques remarques à faire sur l'état des armées de terre et de mer de la Turquie.

Pour l'armée de terre je ne parlerai pas de l'uniforme qui laisse beaucoup à désirer, mais comme dit bien le proverbe, « L'habit ne fait pas le moine ». Seulement, ce que je déplore c'est le manque de manœuvres des troupes. Avant d'avoir été sur un champ de bataille, le soldat turc n'a aucune idée de ce que peut être un engagement entre deux corps armés. Les écoles à feu sont inconnues, et du jour où elle est achetée jamais une pièce d'artillerie n'est tirée, si ce n'est quelques coups de salve les jours du Baïram, et fêtes du sultan. Je ne veux pas dire que je nie la bravoure et la puissance du soldat turc qui ne voit qu'une chose, se mettre en quatre pour défendre sa patrie et exécuter les ordres de ses chefs.

Je suis certain que si S. M. I. Abdul-Hamid connaissait tous ces faits, il ferait en sorte que pareille chose ne se renouvelât pas. Trop crédule en son entourage, il croit trop à tous les rapports qui lui sont soumis par ses ministres, et qui sont faits dans leurs intérêts. Si le sultan écoutait moins les autres, la Turquie aujourd'hui serait une puissante nation.

Ainsi donc, les deux armées sont vis-à-vis l'une de l'autre, les Turcs, sous le commandement du généralissime Edhem-Pacha, sont campés à Elasona ; les Grecs divisés en deux corps d'armée, l'un commandé par le duc de Sparte et l'autre par le prince Constantin, sont, les uns, établis à Larissa, les autres à Volo.

La Grèce a pu mobiliser 70,000 hommes, sans les légions volontaires, avec 38 batteries et 14 escadrons. Leurs forces ont été réparties en trois divisions de 2 brigades chacune ; ces trois divisions furent placées sous les ordres du colonel Mauvo, du général Makris et du colonel Mavroïnikhali. La Turquie a envoyé 86,000 hommes, sans compter les 8,000 Albanais qui voulurent à toute force prendre part aux engagements, le tout sous le commandement en chef d'Edhem-Pacha.

Le grand défaut de l'armée grecque, ce fut l'introduction dans les corps réguliers d'opérations, de toute espèce d'individus mal armés, mal équipés, et surtout mal commandés. Dans ce nombre figuraient les volontaires étrangers composés d'Italiens et de Français dont la presque totalité professait ouvertement l'anarchie et le socialisme. Dans cette masse, se trouvaient également quelques-uns appartenant à des fractions républicaines et radicales.

Une grande partie de ces individus — notamment les volontaires italiens — n'ayant ni occupations, ni un terrain propice à leurs exploits, ni avenir, étaient allés en Grèce, non pour aider les Hellènes comme il a semblé à première vue, mais uniquement pour démontrer à leur retour, qu'ils ont acquis un titre de plus à leur personnalité, peut-être même à leur parti.

Cela leur a été une bonne occasion de faire connaissance avec le soldat turc et de le faire connaître un peu à leurs compatriotes vu leur ignorance pour tout ce qui concernait les Turcs et la Turquie. Dorénavant ils sauront à quoi s'en tenir pour la défense de leur prétendue *sainte cause*. Très probablement l'envie ne leur prendra plus d'aller se mesurer avec les Turcs en compagnie de leurs amis les Hellènes, qui ne leur ont même pas pu fournir des souliers pour aller à la guerre.

Mais ce qui frappait le plus, dans cette guerre, c'était la conduite peu correcte des autorités provinciales italiennes auxquelles le gouvernement avait ordonné d'empêcher tout enrôlement de volontaires à destination de la Grèce. Au début les préfets d'Ancône, de Gênes et de Palerme firent de leur mieux pour arrêter une certaine quantité d'écervelés de partir, sans rime ni raison, pour les rivages de la Grèce.

Cependant, lorsqu'une guerre éclate entre deux nations, les autres états sont tenus à garder la plus stricte neutralité. Or l'Italie, dans cette circonstance, n'a pas observé fidèlement les clauses d'une neutralité absolue, d'autant plus qu'il y avait parmi les volontaires enrôlés des personnages officiels, tels que députés et officiers. C'était, par conséquent, son devoir d'empêcher de toutes ses forces — lesquelles ne lui manquaient certainement pas — et mettre un frein à une situation qui, pour peu que cela eût continué, aurait pu compromettre ses relations avec la Turquie, laquelle, malgré tout, a été toujours son amie.

Les Italiens avaient malheureusement oublié qu'il y avait des milliers de leurs concitoyens qui vivaient dans l'empire ottoman, jouissant de la plus complète liberté et de la plus parfaite hospitalité.

Eh bien! ces autorités qui n'ont pas su vouloir contrecarrer la formation des groupes volontaires et leur départ, purent se considérer très heureuses d'avoir vu leurs compatriotes exposés à une surprise inattendue : la haute magnanimité et l'exceptionnelle clémence du sultan. En effet, le souverain ottoman donna des ordres péremptoires à Edhem-Pacha de donner la qualité de belligérants aux volontaires étrangers et de les traiter, ni plus ni moins, comme des soldats hellènes, au lieu de faire passer par les armes leurs prisonniers, comme cela aurait dû avoir lieu.

Néanmoins, il faudra longtemps avant que l'impression du spectacle peu édifiant, donné par ces volontaires s'efface tout à fait.

Jusqu'au 15 avril, aucun fait grave ne fut encore signalé sur la frontière, et il aurait été juste de dire que ce fut presque exclusivement grâce à la conduite du sultan, si, malgré la situation si critique qui existait entre la Turquie et la Grèce, il ne s'était encore produit aucun incident véritablement grave. Le gouvernement turc a prouvé, par ses instructions au gouvernement en chef des forces turques à la frontière, qu'il voulait aussi longtemps que possible éviter des conflits, et il a même poussé la libéralité jusqu'à n'entraver en aucune façon le passage par les détroits de milliers de réservistes Grecs venant de Russie, de Bulgarie et de Roumanie, ni les achats de la Grèce à Smyrne et dans d'autres ports turcs, ni l'embarquement des marchandises achetées.

Du côté des Grecs, au contraire, on retint une fourniture de biscuits qui devait être expédiée d'Arta à la division de Scutari (Albanie), et une autre fois on confisqua mille sacs de farine destinés à la garnison turque de Salagaro.

Il était visible que les Grecs faisaient tout leur possible pour forcer les Turcs à un premier engagement, mais de ce côté les ordres supérieurs étaient formels et pas un homme ne bougeait. C'était même de leur part une action plus que louable, car, plusieurs fois, ils eurent à subir, sans pouvoir répondre, plusieurs attaques nocturnes de la part d'irréguliers que les Grecs mettaient en avant pour les sauvegarder.

Le 17 avril, Edhem-Pacha prévoyant une issue décisive, visita la ligne de défense. Toutes les troupes étaient sur pied et gardaient un silence parfait en attendant le signal d'alarme.

C'était même un spectacle imposant que celui de ces 50,000 hommes, immobiles, les yeux sur leurs chefs, attendant, espérant la bataille; leur tenue était grave et calme.

Pendant quelques heures, après le lever du jour, ils sont restés ainsi; on était ému en pensant qu'il eût suffi d'un coup de fusil pour mettre ces hommes dans un état d'excitation terrible.

Le vent soufflait très fort, parfois le bruit d'un coup de vent plus violent jetait l'émotion parmi les soldats, qui serraient plus fortement leurs fusils.

On voyait que ce n'était plus maintenant qu'une affaire d'heures; en effet, le lendemain, 18 avril, la guerre était définitivement déclarée entre la Grèce et la Turquie.

*
* *

« Tant va la cruche à l'eau... » Une fois de plus la sagesse des nations vit se vérifier l'un de ses axiomes. A force de se livrer à des agressions plus ou moins déguisées, à force de laisser ou de faire passer la frontière à des bandes qui portaient bien les deux lettres fatidiques E. E. (Ethniké Hélaïra) sur leurs képis, mais qui étaient armées, approvisionnées et commandées par les représentants officiels de l'Etat, la Grèce finit par provoquer quelque chose qui ressemblait fort à une déclaration de guerre.

Soyons de bon compte : si l'on fait pour un instant abstraction du passé, de ce fardeau des transgressions contre la loi divine et humaine qui pèse sur le gouvernement turc, à n'envisager que la situation actuelle, rien ne pouvait, à la longue, être plus intolérable pour la Turquie, que cet état sans nom qui n'était ni la guerre, ni la paix, qui exigeait les efforts et les sacrifices les plus énormes sans permettre une seule compensation, qui se prêtait à d'incessantes attaques sans autoriser les représailles. Il a fallu beaucoup de patience, de bon sens, tranchons le mot, de courage, et de ce courage malaisé, qui consiste à se refuser aux entraînements de la passion, pour que les incursions des bandes irrégulières en Epire et en Macédoine n'aient pas reçu, à titre de réplique immédiate, une déclaration de guerre en forme.

Fallait-il croire que la provision de sagesse à Yildiz-Kiosk se fût vite épuisée et que l'on y fût revenu sans trop de peine aux idées du parti de l'action ? La nouvelle agression ou plutôt la nouvelle série d'agressions survenues sur toute la frontière de l'Olympe au Pinde pendant les 16 et 17 avril, n'expliquerait que trop facilement un tel revirement. Il faut songer, en effet, qu'à l'exception du ministre de la guerre et de quelques autres conseillers vieillis dans les grandes affaires, la quasi-unanimité des personnages consultés par Abdul-Hamid se prononçaient, conformément aux demandes du généralissime Edhem-Pacha, dans le sens d'une défensive immédiate.

Un point extrêmement délicat, sur lequel il importe de ne se prononcer qu'avec les réserves les plus expresses, c'est la part qu'ont pu avoir aux décisions plus ou moins belliqueuses de la Turquie certaines influences étrangères, qui se sont exercées sans bruit, avec une rare continuité, en faveur des résolutions les plus énergiques.

Après tout, pour expliquer le revirement d'Abdul-Hamid, l'empereur des Ottomans, il ne fut pas besoin de sourdes excitations parties du dehors. L'opinion publique de Stamboul, celle des mosquées, des bazars et de khans, celle des softas, des effendis en fonctions ou en retraite, des beys en activité ou du cadre de réserve s'étaient déjà prononcées, avec raison, pour la guerre.

Abdul-Hamid ne pouvait oublier que ses deux grandes ressources, ses principaux appuis, c'était dans le patriotisme ou le chauvinisme, et dans le fanatisme de ses sujets musulmans, qu'il les devait chercher.

La Turquie a-t-elle déclaré la guerre ? La Grèce l'a-t-elle provoquée ? Telle est la question qui reste encore à résoudre. Le fait est que des deux côtés, d'Athènes et de Constantinople, on se livra à la petite comédie de rejeter sur l'autre partie la responsabilité de l'agression. Chacun des deux États disait à l'Europe : « Messieurs, ce n'est pas moi, c'est lui qui a commencé. » Voilà la conséquence de la note des puissances sur la responsabilité de l'agresseur.

A première vue, il sembla bien que la Turquie ait eu le droit de s'en référer à toute une série de provocations, commençant par l'invasion du colonel Vassos et allant jusqu'à l'entrée en scène des forces régulières grecques sur toute la ligne de Thessalie. Enfin, la guerre est, de fait, engagée ; la poudre parle, le canon tonne et le sang coule.

La diplomatie européenne, en s'occupant des affaires d'Orient, eût bien mieux fait de laisser, jusqu'à un certain point, la Turquie étouffer la révolte survenue en Crète, comme elle l'avait, du reste, déjà fait en 1869. Dans l'actuelle révolte de l'île, l'intervention des puissances à quoi a-t-elle abouti ? Si ce n'est qu'à exaspérer davantage les esprits déjà échauffés par l'instigation des Hellènes et traîner en longueur une situation vraiment intolérable. Tandis que, si l'Europe avait, en partie, laissé faire l'empire ottoman, qui connaît fort bien ses gens, mieux que tout autre, dans l'espace de deux semaines, d'un mois au plus tard, par l'expédition de quelques bataillons, les insurgés auraient reçu une leçon qui aurait pu mettre fin à leur trop vive exaltation.

Dans la présente guerre, l'empire ottoman s'est trouvé dans l'obligation de défendre ses droits sacrés. En effet, on se rappelle très bien que les premières batailles et faits d'armes se sont produits sur le territoire ottoman. Ensuite, les Hellènes se retirèrent sur la chaîne de montagnes qui traverse la Thessalie et se fortifièrent dans le défilé de Mélouna, lequel, après trente heures de combat acharné, fut enlevé à la baïonnette par les troupes impériales La porte du « Grenier de la Grèce » était ouverte.

La manœuvre d'Edhem-Pacha, ou en d'autres termes, la concentration des troupes au centre et le placement des batteries de montagne sur les collines avoisinantes, avait pleinement réussi.

Cette première ligne de défense des Hellènes était donc irrévocablement condamnée et le généralissime ottoman ne pouvait plus rencontrer sur sa marche en avant d'obstacle sérieux.

Assurément, les Hellènes n'avaient pas saisi l'importance capitale du col de Mélouna, où ils auraient pu résister plus longtemps. Leur erreur principale a été la dislocation de leurs forces sur plusieurs points et sur une longue étendue.

Après cette défaite, le prince Constantin dut ordonner la retraite sur Pharsale.

Simultanément, le commandant hellène des forces en Épire poussa sa division jusque sur la route conduisant à Janina. Les profanes, en matière de tactique militaire, crurent que la ville fut déjà au pouvoir du colonel Manos. Mais, pour peu que l'on se rende compte des faits d'armes qui ont eu lieu sur cette deuxième partie du théâtre de la guerre, on s'aperçoit facilement que les succès des Hellènes, même avec la prise de Janina, ne pouvaient absolument pas contrebalancer les victoires des Turcs en Thessalie où la prise de Larissa devait virtuellement décider du sort de toute la campagne.

En Épire, après deux ou trois jours, les troupes helléniques n'ont pas été plus heureuses : le colonel Manos a été forcé de rebrousser chemin et se replier sur Arta, son point de départ.

En Thessalie, après les chutes de Tournavos et de Mati, ce qui étonna tout le monde, ce fut la fuite, non seulement désastreuse, mais honteuse des troupes hellènes, qui causèrent l'entraînement des habitants de Larissa à fuir avec eux.

Ce fut ici que les soldats grecs donnèrent preuve d'une inhumanité inouïe en bousculant femmes, enfants et vieillards pour se frayer un passage et pour mieux fuir. Dans cette circonstance, le généralissime ottoman aurait pu facilement, grâce à l'excellente cavalerie dont il disposait, prendre en travers les fuyards, couper leur course effrénée et les faire tous prisonniers.

Mais Edhem-Pacha, trop généreux, ne voulut pas profiter de cette panique générale du troupeau effrayé à la vue de l'orage encore à l'horizon.

En attendant, la deuxième ligne de défense, avec Larissa pour objectif, disparaissait, à de meilleures conditions pourtant que la première, qui avait Tournavos pour objectif.

Le gouvernement d'Athènes, responsable devant le peuple des défaites successives et craignant, à raison, l'imminente révolution, changea l'état-major en lui donnant comme chef Smolenitz, qui fut l'unique officier à soutenir un peu le terrible duel, pendant un désarroi des plus affreux et une déroute des plus complètes.

Pendant que les troupes impériales faisaient en Epire leur jonction à Kalabaka, par Metzovo, avec celles de Thessalie, les troupes placées sous le commandement d'Edhem-Pacha, enlevaient tour à tour toutes les positions des Hellènes, fortifiées par miracle, entre Vélestino et Pharsale, par l'infatigable Smolenitz.

La troisième barrière était enfoncée et son objectif, Pharsale, tombait peu après entre les mains des Turcs. Ce nouveau désastre militaire n'avait eu, par malheur, aucune influence sur l'esprit par trop belliqueux des nouveaux venus au pouvoir. Le nouveau cabinet décrétait la guerre à outrance, alors que l'armée hellénique était complètement anéantie.

Le duc de Sparte, pour sauver ce qui lui restait de troupes, jugea bon de se retrancher sur les anciennes frontières de 1835. Bref, dans cette ridicule campagne, la principale stratégie militaire des Hellènes a été la fuite et les retraites successives sur leurs lignes de défense.

Le généralissime ottoman n'a pas dû être trop satisfait de la campagne et, en effet, il n'eut pas tort. Les Hellènes, à peine la lutte engagée, faisaient volte-face et s'enfuyaient précipitamment. Si Edhem-Pacha avait connu la stratégie de ses adversaires, je suis sûr qu'il aurait exercé ses soldats à la course et à poursuivre des fuyards au lieu de leur faire apprendre à combattre des guerriers.

On peut dire, sans injure aux Grecs, que les jeux olympiques ont eu leur juste prédestination dans cette guerre absurde et ils n'ont pas été rétablis pour rien, car les Hellènes en ont retiré les plus grands résultats.

Il était à espérer que la Grèce, qui a voulu la guerre à tout prix, eût agi cette fois-ci sérieusement en se préparant pour une bataille rangée et sauver, du moins, l'honneur des armes. Hélàs! du côté de l'Épire, les troupes de l'infortuné colonel Manos, à la tête du non moins malheureux Baïraktaris, ont été complètement vaincues à Gribovo et forcées de battre en retraite, finissant en une horrible fuite.

En Thessalie, le dernier retranchement, le dernier salut de la Grèce, peut-être la quatrième et dernière ligne de défense avec Domoko pour objectif d'un côté et Halmyros de l'autre, tombaient simultanément au pouvoir des Turcs.

Sans la conclusion de l'armistice, sollicitée par l'empereur de Russie, le protecteur naturel des orthodoxes, et pour peu que ce drame eût continué, il ne restait plus aux Hellènes que de partager leur cap Matapan en plusieurs lignes de défense et pour dernière ressource ils n'avaient qu'à s'embarquer sur leur flotte, disparaître au plus vite, aller loin, bien loin, pour laisser au monde le temps nécessaire d'oublier leur audace et leur honte impardonnables !

Ainsi donc, il est incontestable que les Grecs ont poussé de toutes leurs forces à un engagement avec la Turquie. Les Turcs, après avoir fait preuve de sang-froid, se sont lassés de demeurer l'arme au pied sous une grêle de projectiles et devant des assauts sans cesse répétés, ils ont pris ce que leurs avocats appellent une *offensive-défensive.*

Quant aux puissances, elles n'ont pas lieu de se féliciter de l'espèce d'inertie, de l'étrange paralysie qui a succédé à l'activité un peu fébrile de leurs démarches au début de la crise, et qui a sans doute contribué pour sa part à rendre inévitable un conflit dont il n'eût point été difficile de se rendre maître, si l'on s'y était pris à temps et avec des moyens appropriés. Enfin, les soi-disant patrons du principe des nationalités, les champions du philhellénisme, qui n'ont pas su démêler les véritables intérêts de leurs clients ni prévoir le suprême péril d'une guerre inégale et mal engagée, peuvent prendre au compte de leurs encouragements à contre-temps et de leurs déclamations à contre-fin une forte part de la responsabilité de ce lamentable corps à corps.

Après tout, l'Europe ne doit pas oublier que, grâce à l'accès de paralysie dont elle a été atteinte, elle n'a pas laissé de contribuer au déchaînement du fléau qu'elle se proposait de prévenir. Si d'autres ont porté en première ligne la peine d'une série de malentendus, de méprises et de fautes dont ils n'ont pas été exclusivement responsables, il lui appartenait, à elle Europe, au nom de cette espèce de souveraineté ou de juridiction en dernier ressort revendiquée par elle, au nom des intérêts suprêmes invoqués par elle, — et aussi de son indéniable participation à cette triste *comedy of errors* dont les péripéties se déroulèrent sous les yeux du public, - de faire tout ce qui était en elle pour arrêter les hostilités et rétablir la paix.

Et, en vérité, après ce qui s'est passé, on n'est pas fier d'être Européen : Cette qualité équivalant en quelque mesure à un brevet d'impuissance à peine déguisée par le demi-sourire d'un scepticisme à moitié cynique.

L'Europe s'est mise à amasser des charbons de feu sur sa propre tête. Tout ce qu'elle laissa faire après l'avoir interdit, elle en assuma la responsabilité. Elle avait tout subordonné, tout sacrifié à prévenir la guerre, et quand la guerre éclata, elle se croisa les bras et se congratula de sa prudente réserve.

GILBERT-RAOUL D'OYLEY.

*Décembre 1897.*

IMPRIMERIE BOULLAY, 2, PLACE DU CAIRE, PARIS

www.ingramcontent.com/pod-product-compliance
Lightning Source LLC
LaVergne TN
LVHW012020160826
845678LV00002B/929
* 9 7 8 2 3 2 9 6 6 1 3 9 1 *